UNE

MISSION SECRÈTE

A PARIS

PENDANT LA COMMUNE

PARIS. — IMPRIMERIE BALITOUT, QUESTROY ET Ce
Rue Baillif, 7, et rue de Valois, 19.

GESNER RAFINA

UNE

MISSION SECRÈTE

A PARIS

PENDANT LA COMMUNE

RAPPORTS ADRESSÉS AU GOUVERNEMENT

PARIS

E. DENTU, LIBRAIRE-ÉDITEUR

GALERIE D'ORLÉANS, 17-19, PALAIS-ROYAL

—

1871

Tous droits réservés.

AVANT-PROPOS

L'armée française venait malheureusement d'être battue par les Prussiens.

De Forbach à Paris ç'a été une marche triomphale pour eux. Chose inouïe dans les fastes de l'histoire, aucune victoire des Français n'est venue contre-carrer le succès insolent des Allemands ; la conduite de Bonaparte à Sedan, la reddition de Metz par Bazaine et la capitulation de Paris par Trochu sont de ces événements qui portent un coup terrible à une nation, l'ébranlent, l'anéantissent même.

Si la France, malgré les rudes épreuves par lesquelles elle a passé est encore debout, c'est que, à l'exclusion de tous les États européens, elle possède cette vitalité, ces ressources infinies, et ces instruments aussi multiples que puissants à l'aide desquels on parvient à aplanir les difficultés et à surmonter les obstacles.

Cette armée que Bonaparte avait caressée, adulée et que, par ses flagorneries, il s'efforçait chaque jour de rendre la moins aguerrie de l'Europe ; cette armée, disons-nous, n'était certes dépourvue ni de courage ni de bravoure. « Partout, ont dit les gazettes allemandes, les soldats et les officiers ont crânement fait leur devoir. » Or, si l'on veut connaître la véritable cause de nos désastres, il la faut chercher dans la trahison de quelques intrigants, dans l'incurie des intendants militaires et notamment dans l'ineptie de beaucoup de nos généraux en chef.

Le nombre des prisonniers faits par les Allemands fut immense.

Un corps d'armée, fort de 83,000 hommes, se

rendit à Sedan ; un autre dont l'effectif était aussi considérable ouvrit les portes de Metz aux soldats de Guillaume, et une armée imposante, terrible, composée d'éléments divers, mêlée de lignards, de mobiles et de gardes civiques, enfin une population de deux millions d'âmes, — la glorieuse Lutèce, — dut subir, malgré elle, la loi du vainqueur.

Væ victoribus!

Malheur aux Prussiens! tel fut le cri qui sortit de toutes les bouches, le sentiment qui enflamma tous les cœurs.

Les Parisiens étaient dans un état d'exaspération impossible à décrire.

Une portion des assiégés fut désarmée, mais on jugea prudent de laisser à la garde nationale ses armes et ses munitions de guerre. D'ailleurs les manifestations qui se produisirent menaçaient de prendre des proportions gigantesques et le danger d'une collision avec les Prussiens était à craindre.

On eut beaucoup de peine à calmer les esprits.

L'apaisement des quartiers populeux, à la suite de la capitulation, comportait pour le gouvernement du 4 septembre un heureux résultat. Mais il fallait en obtenir un plus sérieux, le désarmement de la garde nationale. Une population aussi turbulente que celle de Paris n'était pas sans donner de sérieuses inquiétudes.

On connaît la triste journée du 18 mars et les conséquences fâcheuses du départ précipité de l'amiral Saisset nommé au commandement des gardes nationales de la Seine.

Il y a, à ce propos, bien des révélations à faire.

Les incidents qui ont signalé le passage de l'amiral à la Bourse et au Grand-Hôtel, où, en dernier lieu, il avait établi son état-major, ces incidents sont précieux pour l'historien : aussi les livrerons-nous prochainement à la publicité.

Nous nous contentons, pour le moment, de faire connaître au lecteur quelques épisodes du mouvement qui a été entrepris dans Paris, sous les auspices de M. Thiers, contre la Commune.

Cette petite brochure présentera les faits tels qu'ils se sont passés : Quelques journaux se sont plu à les dénaturer et d'autres ont même contesté le caractère officiel dont étaient revêtus les principaux chefs du mouvement.

Certes, l'histoire de ces derniers jours ne sera pas si facile à écrire qu'on peut le croire, l'écrivain intègre, impartial sera inévitablement dans un immense embarras, lorsqu'il lui faudra découvrir la vérité, séparer le grain de l'ivraie et écarter les faits fantaisistes et calomnieux dont certains folliculaires ont inondé la presse pendant ces derniers jours.

Gesner RAFINA.

21 juillet 1871.

UNE
MISSION SECRÈTE
A PARIS
PENDANT LA COMMUNE

I

Le Comité de Salut public fut prévenu, dans le courant du mois de mai, qu'une conspiration s'ourdissait contre la Commune.

Des agents furent chargés de surveiller les faits et gestes des principaux chefs militaires.

Dès lors, Cluseret et Rossel, — notamment le premier, — furent l'objet d'une surveillance active. La dictature, à laquelle aspirait Cluseret, lui suscita des adversaires qui n'hésitèrent pas à demander qu'il fût décrété d'accusation.

Le Comité de Salut public, contrairement au sentiment du Comité central, lui donna un remplaçant. Mais Rossel, qui lui succéda, ne fut pas plus heureux ; il ne tarda pas à mécontenter la majorité. On lui trouvait un air d'indépendance qui déplut aux ennemis de la dictature. Ce fut sous son ministère qu'on découvrit la conspiration *dite des Brassards*. Or, il n'en fallut pas davantage pour qu'il devint suspect.

La presse fit un certain bruit de cette affaire.

La Commune affirmait tenir les fils d'un complot tendant à amener son renversement.

Les journaux de l'opposition qualifiaient d'imaginaire cette trame, qui, d'après eux, avait été inventée uniquement pour justifier, si cela était possible, les perquisitions, les déprédations que les communeux ne cessaient de commettre.

Un mouvement très-accentué, une sourde réaction existait en effet.

Aussitôt après le départ de l'amiral Saisset pour Versailles, le gouvernement issu de l'Assemblée conféra ses pouvoirs à quelques chefs qui avaient pour mission spéciale de susciter des défections dans les rangs des fédérés, de paralyser l'action communale en plaçant des agents à l'Hôtel-de-Ville et dans les différentes mairies, en un mot de faciliter l'entrée de l'armée dans Paris.

———

Le Chef du pouvoir exécutif, le Ministre de l'intérieur et l'état-major du maréchal Mac-Mahon recevaient journellement de leurs délégués ou agents des rapports très- détaillés sur les opérations administratives et militaires de la Commune.

Une corporation, dite *Ligue de l'Union* fut organisée à Paris, sur l'initiative de M. Thiers. Cette ligue, s'il faut s'en rapporter au récit d'un témoin oculaire, eut beaucoup de peine à se former.

Les bourgeois, dans leur instinctive timidité, n'osaient trop se montrer de peur de se compromettre. Enfin, après des efforts inouïs, les principaux agents parvinrent à grouper autour d'eux quelques hommes courageux, qui avaient pour consigne de se tenir prêts à marcher au premier signal.

———

S'il faut en croire le *Figaro,* MM. Charpentier et Domalain étaient les seuls qui fussent placés à la tête du mouvement anti-communal.

Voici la version que donne ce journal dans son numéro du 1er juillet :

« Depuis près de deux mois, presque immédiatement

après l'émigration qui suivit le passage à la direction de la garde nationale de l'amiral Saisset, un groupe de citoyens dévoués se mettait en rapport avec Versailles, pour préparer à l'intérieur les moyens de seconder et d'assurer les mesures militaires prises au dehors.

» A la tête de ce mouvement, il y avait le colonel Domalain, de la légion bretonne, et le colonel A. Charpentier, de la garde nationale de Paris.

» Munis de pleins pouvoirs par M. Thiers et M. Ernest Picard, et d'accord avec le ministre de la marine et la commission des Quinze, ces deux chefs s'occupèrent surtout de paralyser dans Paris l'action communaliste sur la garde nationale. Des chefs de groupes désignés par eux, eurent bientôt conquis à la cause de l'ordre une armée de 20,000 gardes nationaux environ.

» En même temps, on s'entendait avec le commandant en second des Tuileries, avec l'inspecteur général des barricades et avec un certain nombre de chefs de l'insurrection.

» On a vu que Cluseret avait été arrêté pour intelligences avec Versailles. Le fait était presque vrai. Seulement Cluseret ne s'était pas entendu. Il ne voulait pas se rallier, il voulait se vendre, et tellement cher que cela dépassait toute invraisemblance.

» C'est le refus de ses offres et le rejet de ses propositions extravagantes qui le poussèrent lui-même, irrité, à faire des révélations qui amenèrent à la fois et son arrestation par la Commune et la découverte d'une réaction intérieure armée.

» Presque le même jour, un partisan isolé, qui s'occupait avec un zèle louable de la délivrance de Paris, d'accord avec l'état-major de la guerre, mais sans rapport avec l'état-major de la garde nationale, dont les services, à Versailles, étaient centralisés par le colonel Corbin, se faisait arrêter.

» En même temps, un autre fait se produisait. Le commandant de la caserne du Prince-Eugène, un nommé Picard, s'était rencontré avec un de ses créanciers, officier de la légion bretonne, et lui avait proposé de livrer, à un moment donné, la caserne aux troupes de l'ordre, moyennant une somme de dix mille francs.

» L'officier demanda à réfléchir, à consulter ses chefs, et accepta un rendez-vous donné par *le Picard*, pour traiter définitivement, au grand café Parisien, place du Château-d'Eau.

» Quand l'officier se présenta, Picard, qui avait pris la précaution de lui emprunter deux cents francs d'avance, la veille, le fit arrêter.

» Cette arrestation se fit dans des conditions assez pittoresques. Le grand café Parisien était rempli de gardes nationaux qui attendaient, pour se ruer sur le « Versaillais », un mot d'ordre. Ce mot, Picard, devait le dire.

» A un certain moment, celui-ci se leva en criant :

» — Garçon, un paquet de tabac !

» A ce signal, tous les fédérés se levèrent, et l'officier breton fut conduit d'abord à Mazas, puis devant le Comité central, puis à l'Hôtel-de-Ville, puis à Mazas... puis il a eu la chance exceptionnelle de pouvoir s'évader et c'est lui qui a fait arrêter et fusiller *le Picard* qui avait voulu le livrer.

» On n'avait pas cru devoir fusiller cet officier ; on le gardait comme ôtage, et on avait établi dans sa maison, rue Condorcet, une souricière, sous prétexte d'arrêter ses complices.

» La souricière n'a pas servi à ce but, mais elle a permis aux communeux de dévaliser complétement l'appartement de M. F.

» C'est à ce moment que le colonel Domalain envoyait à M. Thiers la lettre suivante :

« Monsieur le Président,

» Il est absolument nécessaire que nous soyions prévenus vingt-quatre heures à l'avance, attendu que nous ne pouvons tenir constamment nos hommes sur le qui-vive. Il est déjà difficile de tenir sous sa main des hommes campés dans un même endroit, à plus forte raison est-ce difficile pour des hommes que l'on ne peut prévenir qu'avec les plus grandes précautions.

» J'ai aussi l'honneur de vous prévenir que, de concert avec ****, je prendrai énergiquement l'initiative pour ce qu'il y aura à faire à l'intérieur de Paris en ce qui regarde les positions à prendre ou à occuper, car au moment de l'action, il ne nous faudra ni indécision ni hésitation.

» Daignez agréer, etc.

» A. DOMALAIN. »

» En même temps, on faisait imprimer hors Paris et on tenait prête à être placardée la proclamation qu'on va lire :

« Parisiens,

» Le joug de la terreur sous lequel vous êtes courbés depuis deux mois vient d'être rompu.

» Les étrangers, les malfaiteurs et les illuminés vont descendre de l'autel qu'ils s'étaient élevé. Leur règne est fini !

» Dans cette guerre contre nature, nous avons un devoir à remplir, nous avons un rôle tout tracé.

» Nous nous étions groupés, malgré les entraves; nous avions pour but d'arrêter autant que possible l'effusion du sang, d'empêcher la guerre des rues.

» Les événements de cette nuit nous ont surpris et nous ont empêchés de prendre les mesures énergiques que commandaient les circonstances.

» Malgré cela, notre noyau va se réunir. Le lieu du rendez-vous est place des Victoires. Le signe de ralliement le plus simple : un mouchoir en brassard au bras gauche.

» Que les bons citoyens, qui ont assisté navrés à

ces scènes de désordre, viennent nous prêter leur appui.

» Que les hommes qui, poussés par le besoin, ont été obligés de prendre du service, se rallient à nous.

» Nos bras leur sont ouverts.

» Que les égarés viennent nous trouver, et nous serons heureux de leur tendre une main fraternelle.

» Assez de massacres,

» Assez de guerre civile.

» Ne donnons pas plus longtemps à l'étranger le spectacle de ces luttes meurtrières, et songeons à inaugurer l'ère du travail et de la liberté qui peut seule faire reprendre à la France son rang parmi les nations de premier ordre.

» C'est avec confiance que nous vous attendons.

» C'est confiants dans votre courage civique, que nous vous conduirons.

» Vive la France ! vive la paix ! vive la liberté !

» A. CHARPENTIER,
» Lieutenant-colonel de la garde nationale.

» A. DOMALAIN,
» Lieutenant de vaisseau,
» Colonel commandant de la légion bretonne. »

» Le plan consistait en ceci : Grâce à l'inspecteur des barricades, le sieur T..., on prenait l'avenue Victoria, la place de l'Hôtel-de-Ville : on établissait autour de la place des Victoires une redoute terrible, armée de mitrailleuses et d'artillerie ; on désarmait les principales barricades de Paris.

» Grâce au commandant en second des Tuileries, le sieur V..., on arrêtait tous les commandants du château, dont on se rendait maître sans coup férir.

» Tous les groupes des gardes nationaux se formaient dans Paris au premier signal; mais..., on le sait, ce signal ne put être donné, l'attaque ayant été faite à l'improviste.

» L'action intérieure ne put se concerter avec l'action si brillamment conduite par M. le maréchal Mac-Mahon. Il est bon cependant que l'on sache, et pour l'honneur de la population parisienne, que l'on dise : que tout était prêt pour seconder l'action extérieure, et que le hasard seul est cause que les groupes si bien préparés n'ont pu se former et se réunir au moment de l'assaut.

» Du reste, plusieurs groupes ont donné, et on a pu lire la mort héroïque du commandant Durouchoux, du capitaine Verdier, du 228e, du commandant Poulizac, et de Verner tué aux Batignolles... »

—

Ces lignes prouvent seulement l'existence d'un mouvement contre la Commune, ordonné par le Gouvernement.

MM. Charpentier et Domalain étaient-ils les délégués du chef du pouvoir exécutif? Ou bien ont-ils été employés officieusement, à l'effet de seconder le mouvement anti-communal?

C'est ce que le lecteur sera à même d'apprécier plus loin.

II

On a beaucoup écrit sur les événements de ces derniers jours, mais tout ce qui a été dit repose sur des faits exempts de contrôle.

Les décrets rendus par la Commune, joints à la pièce suivante, donneront à nos lecteurs ainsi qu'aux chroniqueurs de l'avenir une idée exacte des intelligences qui ont été entretenues à Paris pour assurer l'entrée de l'armée de Versailles.

C'est un document inédit et de la plus haute importance. Un de nos amis a bien voulu nous le confier. Il est adressé par M. E. Laroque à M. le colonel de Beaufond.

« 26 mai 1871.

» *A Monsieur le colonel* DE BEAUFOND, *15, rue des Beaux-Arts, à Paris.*

» Mon colonel,

» J'ai l'honneur de vous envoyer un aperçu rapide

des opérations dirigées par vous, à Paris, avec un rapport détaillé sur celles que vous avez bien voulu me confier à la date du 7 mai jusqu'au 26 dudit inclus.

» L'œuvre entreprise consistait à rallier rapidement à la cause de l'ordre et du droit une force qui, empruntée à la garde nationale de Paris, devait arriver à faire échec à celle de l'insurrection.

» Cette œuvre nécessitait des relations constantes avec les chefs de légion et de bataillon, dont les troupes n'adhéraient pas à la Commune. Il fallait, en outre, s'entourer à la hâte de personnes propres, soit par leur influence personnelle ou par leurs connaissances, à fournir les éléments nécessaires à la réalisation d'un mouvement favorable à la cause de l'Assemblée nationale.

» Il était urgent de seconder les travaux de l'armée et de préparer les voies, afin qu'à l'heure voulue l'effusion du sang et la résistance fussent neutralisées.

» Voici ce qui a été fait en ce sens et en une période de dix-neuf jours :

» Après avoir choisi quatre officiers et recruté des agents intelligents, les 7, 8 et 9 mai, j'ai placé, d'après vos instructions, dans chaque arrondissement, un poste de surveillance, chargé de créer des ramifications avec la population, de grouper les adhérents, de signaler les faits et gestes de la Commune, du comité central particulièrement, et les mouvements des troupes.

» Des relations ont été entreprises auprès de l'Hôtel-
de-Ville, des ministères (notamment à la guerre), des
comités de Salut public et de Sûreté, du *Journal officiel* et des principaux services, afin non-seulement
d'être au courant des événements qui se préparaient,
mais encore d'y entretenir des agents utiles.

» Il a fallu également étudier les ressources de la
Commune à tous les points de vue, parvenir à les réduire, etc., etc. ; tel était le but à poursuivre.

» Les efforts employés, sans avoir été couronnés de
succès, ne sont pas restés stériles.

» Il fallait lutter contre le manque de temps et la
terreur exercée par le comité de Salut public, ranimer
une confiance et un courage qui n'existaient plus, agir
avec prudence et une grande circonspection.

» Nous étions exposés à un danger incessant.

» Les agents prêts à accepter une semblable mission étaient rares, et les auxiliaires faisaient souvent
défaut.

» Vous connaissez, mon colonel, l'esprit pusillanime de la population honnête de la capitale, son manque d'énergie et d'action ; nous ne pouvions compter
que très-faiblement sur son concours, qui n'a été relativement que moral, malgré tout ce qui a été fait et
tenté pour l'enlever et l'entretenir.

» Privés de son appui, nous dûmes agir pour ainsi
dire seuls. La tâche devenait ingrate, téméraire même,
et chaque jour augmentait nos dangers, particulièrement près des fortifications. Nous avons pourtant
réussi à détacher de la Commune quelques auxiliaires

en provoquant des défections parmi les différents corps de troupes, entre autres les Vengeurs de Paris.

» Cette légion, campée au Champ-de-Mars, était commandée alors par de Saint-Hilaire. Elle fut, plus tard, envoyée à la porte de Vaugirard, sous le commandement spécial de Francfort, colonel, et Roberjot, chef de bataillon.

» Deux cent soixante hommes de cette troupe ont été payés par mes soins trois journées et mis à notre disposition les 12, 13 et 14 du courant. Ils étaient prêts à marcher sur un ordre préparé par nous au ministère de la guerre, avec la coopération du capitaine Moreau.

» D'après des conventions arrêtées et stipulées le 12 au matin à l'École-Militaire, ces hommes, armés de fusils chassepots et à tabatière, ont attendu vos instructions pendant six heures, de sept heures du soir à une heure du matin (journée du 13), lors de l'attaque préméditée sur les portes d'Auteuil, de Passy ou de Neuilly, et contremandée par vous et M. Lasnier, à neuf heures du soir, rue Vivienne, 4, en présence de mes officiers réunis.

» Nos relations avec le chef de bataillon Suire, à l'École-Militaire, directeur des mouvements militaires, et attaché à l'état-major du colonel Henri, nous permettaient d'avoir des renseignements journaliers et contrôlés au neuvième arrondissement, près du colonel Berthot (Bureau).

» Les opérations et mouvements de l'artillerie du Champ-de-Mars, et ceux de la même arme de l'École-

Militaire, sous les ordres directs de Clarr, nous étaient régulièrement communiqués et nous ont été d'un immense secours.

» Les mots d'ordre et de ralliement, fournis avec ponctualité et certitude réelle par Suire, étaient vérifiés par Calestroupat, chef d'état-major au neuvième arrondissement.

» Le colonel Vinot, commandant au Champ-de-Mars, m'a donné les 12 et 13 du courant, au soir, des détails précieux sur les portes du Point-du-Jour jusqu'à celle de la Chapelle (*en personne*).

» Le lieutenant-colonel Calestroupat, ancien capitaine aux éclaireurs de la garde nationale de la Seine, à Neuilly, alors sous les ordres de M. de Joinville, me fournissait chaque soir, rue du faubourg Montmartre, 9, les plus longs et minutieux détails sur toutes les opérations militaires. Il puisait chaque matin ces renseignements au rapport général, réunion habituelle des chefs de légion, lesquels ont essayé plusieurs fois de renverser le Comité central, et qui sont bien la cause du départ de Rossel.

» Deux bataillons du neuvième arrondissement étaient placés à Passy. J'attendais d'eux des résultats immenses, en faveur de notre cause, et cela à raison de mes liaisons avec Calestroupat.

» Le commissaire de police Chauvet, ex-capitaine d'habillement à Neuilly, m'a fourni des pièces de la Sûreté générale et m'a prévenu, le 18 au matin, à la gare de Lyou, que le colonel de Beaufond était recherché avec la plus active persistance par les agents de

Rigault. Il est accusé, me dit-il, d'être le propagateur des brassards tricolores, et, en outre, d'être un agent bonapartiste. J'étais moi-même sous le coup de trois mandats d'arrêt.

» Les perquisitions opérées, 15, rue des Beaux-Arts, ont été opérées sur l'ordre strict de Rigault.

» Mes officiers, tout en surveillant par des rondes fréquentes les arrondissements, étaient détachés avec des missions spécialement désignées.

» MM. Roux de Villebois : guerre.

»   Brille : sûreté générale.

»   De C... : *Journal Officiel* (Presse).

»   Flobert : Discipline.

»   X..., chargé, sous ma surveillance directe, du personnel, a commencé par rendre des services réels, lors de la distribution des brassards, 12, 13 et 14 mai, mais il a failli ensuite compromettre gravement la cause par son imprudence et son imprévoyance au café de Suède. Sans l'aide de M. Paria, son ami, jeune homme intelligent et assez influent, nous étions arrêtés au café même le 16 mai.

» Cet incident n'influe aucunement sur les services rendus par X....

» K..., ami de J.-B. Clément, membre très-influent de la Commune, m'a prêté son concours en cette occurrence.

» Bien des pièces en blanc avec renseignements certains nous servaient de laisser-passer aux avants-postes (fortifications, prisons et Préfecture de police). Ces feuilles, avec cachet, étaient remplies par Flobert suivant le cas et les besoins et notamment dans la journée du 13. Elles étaient fournies par le commandant Suire et le sieur André, inspecteur des prisons.

» D'autres pièces nous étaient transmises par le neuvième arrondissement.

» A la guerre, Moreau et les frères May, ces derniers assez liés avec M. de Villebois, nous ont mis en relations avec Madame Eudes, qui nous a fourni de précieux renseignements.

» Le colonel Mayer, chargé de l'organisation des corps militaires, a empêché la formation de la légion dite *Contre-Chouannerie*, que nous étions dans l'intention de créer pour les besoins de notre cause.

» M. Roux de Villebois, très-adroit et parfaitement dévoué, officier dans la garde nationale mobile, avait été, ainsi que de C..., chargé de surveiller l'état-major de Cluseret. Par leurs relations nous avons pu donner, faire transmettre et contremander des ordres (journée du 13).

» Nous n'étions pas sans connaître les forces massées au Champ-de-Mars le 13 : nous avons opéré une adroite diversion : aussi bon nombre de bataillons ne se sont-ils pas rendus à l'appel qui leur a été fait par le Comité central.

» Les colonels Vinot et Henri ne donnaient aucun ordre sans que nous en fussions prévenus par Suire et autres. Bosquet (capitaine attaché au personnel) surtout nous a servis quelquefois.

» Le 17 au soir, le colonel Razoua ayant fait arrêter Vinot, Gaudier me fit prévenir du danger que je courais en retournant à l'École-Militaire ; mais Jacta, qui était étroitement lié avec le général La Cécilia et Razoua, fit disparaître à peu près les soupçons le 18. Cela se passa en ma présence.

» A l'Hôtel-de-Ville, Arnaud, ancien employé du chemin de fer, connu de M. Roux de Villebois, s'est occupé de l'élargissement du capitaine Chavan ; mais il n'a nullement voulu entendre parler de M. Lasnier, malgré les plus vives protestations de MM. de Villebois et Brille en sa faveur.

» Les brassards saisis rue des Terres-Fortes, 12, le 14, et rue Maubeuge, 5, déterminèrent les agents de Rigault à faire opérer des recherches actives avec les ordres les plus sévères contre le colonel de Beaufond. (Mandat d'arrêt du 15, avec note à l'appui, concernant le mouvement du Grand-Hôtel.) — Je tiens ces renseignements de P.... et d'A....., café de Suède. — Ces deux derniers sont involontairement la cause de bien des arrestations. Carr.... ét S..s et autres énergumènes étaient de très-dangereux dénonciateurs.

» A la place, le docteur Weil nous a rendu, d'une façon inconsciente, quelques services.

» Nollet, autre docteur, très-rusé, très-fin, nous a donné de tels renseignements sur Dombrowski, que ce dernier a failli être arrêté le 16, aux environs du Luxembourg, par nos hommes.

» Nollet nous a facilité, le 18, le passage de la porte de Neuilly. Cette excursion, faite au moment où je me trouvais moi-même à Vaugirard avec Flobert et Jacta, au milieu des Vengeurs de Paris, s'est accomplie, avec

audace et un courage réels, par M. Roux de Villebois.

» Le major Rousselle, au palais de l'Industrie, et le
colonel Lheullier, ont été de dangereux ennemis à cir-
convenir ; ce dernier surtout, a voulu faire fusiller de C..., en proférant des menaces, le pistolet au
poing.

» Vn..., rédacteur au *Journal officiel,* a dirigé contre
moi des poursuites (vengeance toute personnelle).

» Trèves, un de mes anciens sous-officiers à la
4ᵉ compagnie des Francs-Tireurs de la Presse, et
nommé, sous la Commune, directeur du télégraphe,
était devenu notre serviteur depuis le 17 au soir. La
rupture des fils télégraphiques et la transmission de
faux ordres nous étaient assurées, par ses soins.

» A la Poste, il ne m'a pas été possible d'aborder
Louis Galtier, employé supérieur des Postes.

» Jacta, un de nos agents, a obtenu des renseignements précieux de son ami Paschal Grousset, délégué
aux affaires étrangères et membre influent de la Commune.

» De Saint-Hilaire, frère du colonel, aurait secondé
nos efforts au Corps législatif pour l'arrestation de
l'état-major.

» Bergeret était surveillé ainsi que d'autres chefs
très-influents.

» Au quatorzième arrondissement, Sabatier, très-
dangereux, a voulu me faire arrêter le 16, et m'a
dénoncé comme agent bonapartiste à André, inspecteur des prisons.

» Nos entrées libres à la caserne de cavalerie de Bellechasse nous étaient facilitées par le capitaine Orrière, et au quartier Bonaparte, quai d'Orsay (quartier de cavalerie), par Villain, commandant des chasseurs à cheval de la Commune.

» Par l'intermédiaire de K... et de Calestroupat, J.-B. Clément, membre de la Commune, d'une incontestable influence au Comité central, était prêt à nous couvrir d'une protection qui n'était pas à dédaigner.

» Seguin, chef d'état-major au ministère de la guerre, s'est toujours défié de moi, et m'a fait suivre certainement.

» De C..., par l'intermédiaire du colonel Lisbonne, a pu obtenir une entrée à Mazas, affaire *Lasnier*, mais il a été jugé inutile de faire cette tentative, à cause du danger qu'il y avait à courir. — Je crois Lisbonne l'auteur de dénonciations nombreuses, et je suis assuré particulièrement de la mienne comme agent bonapartiste, près de Roberjot, chef de bataillon aux Vengeurs de Paris (communication reçue à la porte [de Vaugirard, le 18, en compagnie de Jacta).

» J'aurai l'honneur, mon colonel, de terminer en ajoutant un mot à propos de Delescluze.

» Sur la recommandation de M. M....., avocat, ce délégué à la guerre, successeur du fameux Rossel, m'a offert, le 17, rue des Saints Pères, un commandement général à Belleville, mais dénoncé à la guerre le 19, je ne sais par qui, comme ayant des relations avec Versailles, j'ai cru devoir me dispenser de retourner auprès de mon protecteur.

» Je rappelle aussi à votre mémoire, mon colonel, les drapeaux de la rue Vivienne, qui, placés d'abord au numéro 4 de cette rue, ont servi d'exemple aux autres habitants et attiré ainsi l'armée, qui hésitait en présence de la barricade de la place de la Bourse.

» Ce monument public a été pavoisé par moi-même, le 24 au matin.

» Je recommande à votre bienveillance la conduite énergique et digne de MM. Roux de Villebois, Brille, de C... et Flobert. Ces messieurs m'ont prêté leur concours avec un dévouement d'autant plus grand que les circonstances étaient difficiles et dangereuses pour nous tous.

» Avant de terminer je dois vous faire observer que ces messieurs et moi n'avons accepté la mission que vous avez bien voulu nous confier que parce qu'elle avait plutôt un caractère militaire que politique. Nous ne poursuivions qu'un but, nous n'avions qu'un désir : arrêter l'effusion du sang et servir la cause de l'ordre, du pays et de la République !

» Je suis avec le plus profond respect, mon colonel,

» Votre très-humble et bien dévoué serviteur,

» E. LAROQUE. »

—

La curieuse pièce qu'on vient de lire peut-elle être

discréditée par la lettre suivante que nous trouvons dans le *Bien Public* du 3 juillet?

« Monsieur le rédacteur,

» La presse ne tarit pas d'éloges depuis quelques jours sur la conduite de prétendus chefs du parti de l'ordre à Paris, pendant la période communale ; placés dans une position toute particulière pour savoir à quoi nous en tenir à ce sujet, nous aurions gardé le silence si des intérêts majeurs ne nous forçaient aujourd'hui à rétablir les faits.

» Fondateurs du cercle Drouot, qui se fait honneur de mettre en avant les hommes qui, comme vous, sont restés au poste du *devoir*, nous croyons *devoir* protester enfin contre certaines prétentions mal fondées.

» Le colonel Charpentier, *seul* fondé de pouvoirs de M. Thiers à Paris, peut *seul* revendiquer l'honneur d'avoir rallié autour de lui les hommes de cœur qui, au nombre de plusieurs milliers, se tenaient prêts à marcher contre l'émeute pour ouvrir le chemin à notre brave armée.

» Nous avons vécu deux mois à côté du colonel Charpentier, ayant eu l'honneur d'être choisis par lui pour officiers d'ordonnance, nous avions assez sa confiance pour qu'il nous ait communiqué les ordres de Versailles, l'investissant du titre de commandant supérieur de la garde nationale de l'ordre; nous avons vu et l'on peut vous produire, au besoin, la série des ordres reçus pendant cette triste période, et entre autres, une pièce concluante contenant *la recommandation expresse de laisser de côté plusieurs des personnes qui se targuent aujourd'hui d'une mission fictive.*

» Voici en peu de mots le bilan des services rendus par le colonel Charpentier.

» Quatre arrondissements organisés sous les ordres de quatre officiers supérieurs ; six mille gardes soldés, groupés et distribués à divers postes.

» Cent cinquante artilleurs de l'armée recueillis aux quatre coins de Paris, soldés, armés et munis d'engins d'enclouage.

» Une correspondance quotidienne avec Versailles, entretenant le courant et préparant tout pour l'action.

» Comme résultat, le rôle joué par la garde nationale et deux des officiers sous ses ordres, tués au feu, le colonel Durouchoux, le capitaine Verdier.

» Modestes instruments de ce courageux officier, nous revendiquons pour lui l'honneur de sa conduite et nous croyons proposer un heureux choix aux électeurs en l'accolant à vous sur la liste que nous serions heureux de voir accepter par les gens d'ordre et de bon sens.

» Veuillez agréer, etc.

» L. LANTELME,
» Lieutenant au 90ᵉ bataillon,
» MORACHE,
» Lieutenant au 149ᵉ bataillon.
» L. COLMAIN,
» Lieutenant au 228ᵉ bataillon.
» E. DELPECH,
» Capitaine adjudant-major au 78ᵉ bataillon. »

Mais les partisans de M. de Beaufond ne se tinrent pas pour battus par ceux de MM. Charpentier et Domalain.

L'un d'eux riposta en ces termes :

« Paris, 8 juillet.

« *A. Monsieur le Rédacteur du* Bien Public.

» Le 3 juillet vous avez donné l'hospitalité dans vos colonnes à une lettre signée par quatre officiers, et qui tend à discréditer les vrais défenseurs de l'ordre pendant la période communale.

» Ces messieurs prétendent que le colonel Charpentier était le seul fondé de pouvoirs de M. Thiers à Paris, et qu'*à lui* seul revient l'honneur d'avoir rallié autour de lui les hommes de cœur qui étaient prêts à marcher contre l'émeute, et à faciliter l'entrée de l'armée versaillaise.

» Vous me permettrez, monsieur le rédacteur, en ma qualité d'un des plus actifs membres de la Ligue de l'ordre, d'opposer la plus formelle dénégation aux insinuations des signataires de la lettre dont s'agit.

» Je dois faire connaître à vos lecteurs que M. de Beaufond est le seul qui ait le droit de revendiquer l'honneur d'avoir aplani toutes les difficultés, surmonté tous les obstacles et paralysé l'action communale qui a plongé la capitale pendant le mois de mai dans la terreur et la plus grande consternation.

» Je suis à même d'appuyer ma rectification, ma protestation par plus de trois mille signatures.

» M. le colonel Charpentier a pu être entraîné dans le courant des opérations, mais en tout cas il a joué un rôle fort secondaire. Il a pu faire de la stratégie en chambre, je ne le conteste pas, mais je certifie qu'il ne s'est montré nulle part, et qu'il n'a jamais été inquiété par la Commune.

» Je le lui demande en conscience, a-t-il jamais su susciter des défections dans les rangs des fédérés ? Non, n'est-ce pas !

» Soyez-donc assez bon, monsieur le rédacteur, pour insérer ces lignes dans votre prochain numéro.

» ERNEST LAROQUE. »

Pourquoi cet échange de lettres à la veille des élections ?

Quoi qu'il en soit, tout le monde reconnaît que le mouvement a existé. Le Gouvernement ne l'a pas désavoué. Mais il est une question sur laquelle les principaux chefs de la ligue ne sont pas d'accord, c'est celle de savoir à qui revient la direction du mouvement.

III.

Nous n'avons pas voulu faire suivre le rapport de M. E. Laroque d'aucun commentaire; nous laissons au lecteur le soin de le juger.

Nous croyons cependant, pour rester dans les limites d'impartialité, devoir lui opposer un second récit du journal de M. de Villemessant en date du 13 juillet :

« Au moment où, sur la garde nationale déshonorée par les bandits du 18 mars, s'écrie-t-il, pèse une sorte de réprobation trop justifiée par les événements qui se sont passés depuis deux mois, au moment où elle est licenciée et dissoute, il importe de rappeler que, dans ses rangs, restait un noyau, un important noyau, loyal et fidèle quand même, qui a bravé et les réquisitions, et les persécutions, et les condamnations à mort, attendant, l'arme au bras, le moment de venir en aide à l'armée de Versailles pour la délivrance de Paris.

» C'est ce noyau dont nous parlions dernièrement en esquissant les traits principaux de la ligue organisée à Paris, sous la direction des ministres de la guerre et de la marine, et du président du Pouvoir exécutif, ligue que les ignorants de la Commune appelaient le complot.

» Citons les noms de ce groupe demeuré fidèle quand même, et dont un grand nombre ont scellé de leur sang l'engagement pris de sauver la capitale infestée par les bandits de la Commune.

» A la tête se trouvait, avec le colonel Domalain, le lieutenant-colonel Charpentier, commandant-supérieur du neuvième arrondissement.

» Avec lui, et sous ses ordres, agissaient :

» MM. Delpech, capitaine adjudant-major du 78e bataillon ;

» Morache, lieutenant au 149e bataillon ;

» Lantelme, lieutenant au 90e bataillon.

» Ces trois officiers s'étaient chargés d'acheter tous les revolvers existant dans Paris, tant pour les dérober aux recherches des communeux que pour en armer les défenseurs de l'ordre. Comme on manquait, dans Paris, d'artillerie, le lieutenant Morache s'était chargé d'aller au dehors chercher, et a rapporté *du picrate pour remplacer le canon,* en cas de besoin, pour l'attaque de l'Hôtel-de-Ville et des barricades intérieures.

» Citons ensuite :

» Le capitaine Verdier, du 228e bataillon, tué pendant les combats de la rue Bergère ; le capitaine Bohn, chargé spécialement du désarmement de l'arrondissement, M. Colmain, chargé du paiement des gardes restés fidèles.

» Le commandant Durouchoux, du septième arrondissement, blessé au faubourg Saint-Germain, et qui, heureusement, a survécu à ses blessures (1);

» M. Roulez, chef d'escadron d'état-major : ses vêtements ont été criblés de balles à l'attaque de l'église de Notre-Dame-de-Lorette; il a pris, à la barricade de la rue Fléchier, un drapeau rouge qu'il conserve;

» Le général Vandermeere, commandant supérieur de la légion des *Amis de la France;*

» Flor O'Squarr, sous-lieutenant de ce corps, et A. Portois, *idem;*

» Dans le onzième arrondissement, le commandant Galimard mérite une mention spéciale. Au moment où la troupe de ligne est arrivée, l'officier commandant invita M. Galimard à se retirer, de peur que ses soldats ne confondissent dans une égale fusillade les gardes nationaux de l'ordre et les brigands de la Commune. M. Galimard, sur l'heure, ôta son uniforme, prit le costume d'un sergent d'infanterie de marine et fit le coup de feu contre les insurgés avec la troupe.

» Cet exemple fut suivi par MM. :

» Demay, commandant supérieur du sixième arrondissement;

» Felber, capitaine commandant au 18e bataillon;

» Auzou, commandant provisoire au 18e bataillon;

» Destiker, capitaine commandant au 19e bataillon;

» Varnier, capitaine commandant provisoire au 19e bataillon;

(1) Ceci est une erreur; M. Durouchoux est malheureusement mort des suites de ses blessures.

» Calvot, capitaine commandant provisoire au 19e bataillon ;

» Blondel, capitaine au 19e bataillon ;

» Barré, capitaine au 19° bataillon ;

» Gérard, capitaine au 20e bataillon ;

» Sagnier, capitaine au 20e bataillon ;

» Hubert Ménage, lieutenant au 20e bataillon ;

» Capron, lieutenant au 20e bataillon ;

» Séry, capitaine au 20e bataillon ;

» Lemonau, lieutenant au 20e bataillon ;

» Gutelle, capitaine au 20e bataillon ;

» Garby, chef des sapeurs au 20e bataillon ;

» Bonnefonds, capitaine au 20e bataillon ;

» Duchier, capitaine au 84e bataillon ;

» Desessards, capitaine au 84e bataillon ;

» Parfait, capitaine au 115e bataillon ;

» Girard, capitaine au 193e bataillon ;

» Et Villain, capitaine commandant au 249e bataillon.

» Il nous faut signaler encore MM. d'Orémieux commandant la garde civique ;

» Sémen, lieutenant au 5e bataillon ;

» Basset, capitaine au 14e bataillon ;

» A. Leysy, sous-lieutenant au 18e bataillon ;

» Et Pons, capitaine au 1er bataillon qui, arrêté par les fédérés et enfermé à la Conciergerie comme ôtage, a réussi à s'échapper lors de l'incendie du Palais de Justice et a contribué pour une grande part à sauver une partie de ce précieux monument. »

—

Cette liste ne prouve rien. Au lieu de ces personnalités, il eût été préférable d'exposer des faits dans leurs plus minutieux détails. Et d'ailleurs, le récit du journal dont s'agit est surtout relatif à la part qu'ont prise de courageux officiers de la garde nationale du parti de l'ordre à la guerre des rues. Mais il néglige l'important, faute de renseignements sans doute : les opérations qui ont été exécutées contre la Commune pendant les mois d'avril et de mai.

Par contre, nous croyons que le rapport qu'on va lire satisfera le lecteur et sera un précieux renseignement pour l'histoire.

IV.

Rapport adressé le 30 mai par M. le colonel de Beaufond,
chargé de la direction du parti de l'ordre, à Paris, à

MM. le Président, Chef du pouvoir exécutif,
le Ministre de l'Intérieur,
le Ministre de la Guerre,
au général Borel, chef d'état-major de M. le
maréchal de Mac-Mahon, duc de Magenta.

Paris, ce 30 mai 1871.

Monsieur le ministre,

La nature de ma mission consistait, en substance, à étudier les ressources et les éléments divers dont disposait l'insurrection, les moyens à employer pour la réduire ; à rallier une force qui, empruntée à la garde nationale, pût à un moment donné lui faire échec, en un mot, favoriser par tous les moyens possibles l'entrée des troupes, en neutralisant la résistance.

J'ai l'honneur de vous soumettre un détail rapide des opérations faites en ce sens :

Il a été créé dans chaque arrondissement de Paris un centre destiné à grouper les adhérents à la cause de l'ordre, à surveiller les mouvements de troupes, ainsi que les faits et gestes de la Commune, en outre à avoir des ramifications avec la population de tous les quartiers.

Des relations ont été entretenues (au moyen d'agents) à l'Hôtel-de-Ville, dans les ministères, aux Comités central et de Salut public, dans les différents services de la Commune, près des légions et de leurs chefs.

C'est ainsi qu'il m'a été possible de fournir des renseignements et des indications qui, puisés aux meilleures sources, étaient en outre contrôlés par nos agents et nous permettaient de pouvoir combiner un mouvement dans Paris.

A cet effet des négociations furent entamées auprès du lieutenant-colonel Stawinski commandant le 6ᵉ secteur, qui s'était engagé à laisser libre accès aux troupes, en livrant les portes d'Auteuil et Dauphine, sous trois jours, c'est-à-dire dans la nuit du mardi au mercredi (16 au 17 mai). Mais à Versailles, ce délai qui parut trop long ne fut pas accepté et réduit à 24 heures.

Ces portes devaient donc être attaquées et enlevées de vive force dans la nuit du vendredi 12 au samedi 13 mai. En conséquence les dispositions suivantes furent prises :

Un groupe d'artilleurs, qui devait enclouer les pièces, reçut l'ordre de se trouver à 5 heures du soir au pont de Grenelle, 300 hommes pris parmi les habitants de Passy ainsi que 400 hommes du corps des Vengeurs, devaient opérer ce coup de main.

Malheureusement, dans la journée, Passy fut violemment canonné, les habitants durent se retirer, et le soir 35 hommes seulement répondirent à l'appel. Quant aux artilleurs, ils ne vinrent point. Le colonel que j'attendis ce jour-là jusqu'à sept heures, me déclara être dans l'impossibilité de livrer les portes, n'ayant pas pu préparer ses hommes; en outre il me fit voir, ainsi qu'à M. Lasnier, qui m'accompagnait, 26 bataillons de fédérés, formant ensemble un effectif d'environ 8,000 hommes, qui venaient d'être massés sur ces positions pour opérer une sortie dans la nuit.

Je rentrai immédiatement à Paris avec M. Lasnier, et je fis connaître cette situation à M. Dumersan, qui convint avec moi que notre attaque contre des forces semblables ne devait pas avoir lieu, et que l'on attendrait le délai de trois jours, fixé par le colonel. M. Dumersan ainsi que deux autres personnes partirent aussitôt afin de prévenir à Versailles de ce contre-temps, mais aucun d'eux ne put parvenir à sortir de Paris.

Le lendemain, M. Lasnier fut arrêté, 5, rue de Maubeuge, porteur d'une somme assez considérable, 25,000 ou 35,000 francs; la bonne de M. Dumersan fut également arrêtée comme elle se rendait chez M. Lasnier.

M. Dumersan, qui devait me remettre ce jour-là

3,000 francs pour le colonel des insurgés, ne me les remit pas, me renvoyant au lendemain lundi, jour depuis lequel il n'a plus donné signe de vie, craignant sans doute d'être arrêté.

En présence de ces événements, j'envoyai à trois reprises différentes à Versailles pour que l'on m'adressât, sans retard, la somme qui devait être remise au colonel du 6e secteur; mais des lenteurs furent apportées; ce colonel, suspecté, fut remplacé, et désormais des délégués de la Commune furent placés dans tous les secteurs auprès des commandants. Tels sont les empêchements qui ont causé l'insuccès de cette tentative.

Sur ces entrefaites arrive l'affaire dite : des brassards.

Conformément aux instructions reçues de Versailles, relativement au signe de ralliement, Mme Joséphine Legros avait été chargée de la confection de 20,000 brassards; ce travail, que rien n'était venu troubler, touchait à sa fin, lorsqu'une délation, qu'on suppose être venue d'un garde national rallié à l'ordre, fit tout découvrir; cette dame fut arrêtée et enfermée à Saint-Lazare, d'où elle n'a été délivrée que le 26 mai. Je dois répéter ici que j'avais proposé un mouchoir au bras au lieu de brassards confectionnés dans une ville entièrement livrée à la police de la Commune.

Le Comité de Salut public, découvrant qu'une vaste conspiration se tramait contre la Commune, mit en campagne tous ses agents; on fit des enquêtes; on opéra des arrestations, des perquisitions, et notamment chez moi, d'où l'on est parti emportant tous mes papiers, titres, brevets, pièces militaires, comptes de fermes, souvenirs, uniformes, armes, sans oublier, cela va sans dire, de l'argenterie qui, à leur grand désappointement, se trouvait être en Ruolz, ma vaisselle plate ayant été envoyée à la campagne.

Un mandat d'arrêt fut lancé contre moi; dès lors je dus me dérober à leurs recherches incessantes, sans toutefois abandonner la mission qui m'était confiée.

Depuis, la situation se hérissa de difficultés, la plus grande surveillance fut exercée de toutes parts, et les mesures rigoureuses qui furent prises vinrent déjouer mes projets.

La Commune décréta la dissolution des bataillons qu'elle savait lui être hostiles et ordonna leur désarmement.

Aussitôt le commandant Cadard, qui dirigeait le mouvement dans le 2ᵉ arrondissement, avec MM. Demay et Galloni, dans le 6ᵉ arrondissement, vinrent me trouver et me demandèrent quelle devait être leur attitude en présence de cette mesure.

Je leur dis de prendre immédiatement les armes et d'occuper, dans le 2ᵉ arrondissement, la Bourse et la mairie en se reliant avec la Banque; dans le sixième la mairie et le Sénat, de s'attacher principalement, vu le manque de canons, à faire occuper les maisons et surtout celles des angles, et je fis en même temps les mêmes prescriptions dans les autres arrondissements. Les officiers les plus élevés en grade devaient, en outre de leurs fonctions militaires, occuper les mairies, dans celles où un agent municipal n'avait pas été désigné au préalable pour cet emploi, en attendant que de Versailles l'on avise, — les avertissant que le mouvement allait commencer.

Mais le commandant Cadard disparut, se réfugia à Versailles, et les bataillons se laissèrent désarmer sans aucune résistance ni déploiement de force, par les tambours de leurs compagnies. — La panique s'étant mise dans les rangs de la garde nationale, il fut impossible désormais de rien en obtenir.

Cette force est composée de deux éléments :

Le premier, emprunté à une classe qui n'a rien à perdre, et partant de là, susceptible de tous les désordres ;

Le deuxième, essentiellement conservateur, voué exclusivement à ses intérèts, prend la fuite laissant le champ libre à l'insurrection.

Dans ces conditions, avec de semblables éléments si l'on n'a pas recours à une organisation militaire sérieuse, imprimant à la fois l'homogénéité et l'ensemble, la garde nationale restera une institution vicieuse, pouvant donner lieu à des perturbations graves.

Si les quelques bataillons sur lesquels j'étais autorisé à compter m'avaient prêté leur concours, il en serait certainement résulté quelque chose d'efficace pour la cause de l'ordre ; mais l'esprit pusillanime de la population honnête de Paris, son manque d'élan, d'énergie, sont venus constamment paralyser l'action : les ressources dont je disposais ne suffisaient pas à fomenter un mouvement tel que les circonstances l'exigeaient.

Dès lors, je me suis appliqué à neutraliser la résistance, à l'aide des agents placés au Ministère de la Guerre et des blancs-seings dont nous disposions. Connaissant les portes par lesquelles l'armée devait entrer, les troupes destinées à les garder recevaient une autre destination ; il en résultait que les portes de Passy, d'Auteuil et Dauphine, enfin toute la zone à l'ouest de Paris, se trouvait dépourvue de forces, de surveillance, ce qui assurait l'accès facile aux troupes le jour où elles tenteraient l'assaut.

Indépendamment de cela, il fallait provoquer des défections dans les rangs de l'insurrection, détacher de la Commune le plus d'agents possible, rallier à nous toutes les personnes qui, par leur influence personnelle ou leurs aboutissants, pouvaient nous être utiles ; en un mot, entraver en tout et partout l'action de la Commune.

A l'arrivée des troupes dans Paris, je lançais des officiers de la garde nationale dans toutes les directions, afin de rallier les adhérents et de préparer les voies. Je mettais MM. Corby, Warnier et Bex à la disposition des généraux, afin de les renseigner sur les obstacles et travaux de défense que l'armée allait rencontrer sur son passage, car tout Paris, en moins de huit heures, était hérissé de barricades élevées par des femmes, des vieillards, des enfants, ainsi que des pas-

sants que l'on contraignait à travailler le pistolet sur
la gorge.

MM. Corby, Bex et Warnier tombèrent au pouvoir
des insurgés et ne purent s'acquitter de leur mission.
Ce n'est que le troisième jour qu'ils trouvèrent l'occasion de s'échapper.

Ne pouvant rallier assez de gardes nationaux place
de la Bourse, le point le plus central et le plus favorable pour le ralliement des gens dévoués à l'ordre était
la Banque, d'abord à cause de la garnison, composée
de ses employés, qu'elle renfermait, ensuite, vu sa
proximité de la Mairie de la Bourse. En occupant les
abords, et principalement les maisons formant l'angle
des rues adjacentes, non-seulement on s'opposait à la
défense des barricades de ce quartier, mais encore,
dans leur retraite, les fédérés se trouvaient pris entre
deux feux.

Je fus donc, le lundi matin, à la Banque, accompagné de MM. d'Anthoine et Piguiet, pour y rallier
immédiatement tous nos groupes, mais cette latitude
nous fut formellement refusée par MM. M... et
C..., qui, disaient-ils, désiraient conserver la neu-
tralité, surtout vu la présence à la Banque d'un délégué de la Commune, que je leur dis de faire arrêter,
ce à quoi ces Messieurs se sont également refusé.

Ce refus venant contrecarrer mon plan bien arrêté et d'une exécution facile, a été fort préjudi-
ciable à l'armée, la privant ainsi d'un concours
efficace. Enfin mercredi, à cinq heures et demie,
M. Ernest Laroque arbora à la Bourse, au milieu de

fédérés qui se défendaient encore, le drapeau français; quelques instants plus tard une compagnie du 8e bataillon venait en prendre possession.

J'ai l'honneur de vous donner les noms des officiers de l'armée, de la garde nationale, et ceux des habitants qui, par leur énergie, ont rendu de grands services au parti de l'ordre :

M. Piquiet, capitaine en 1er au 5e régiment d'artillerie, en mission, qui avait relevé les différentes batteries et barricades, organisait en ce moment des artilleurs pour enclouer les pièces et se rendre maître de celles abandonnées par les fédérés.

M. Ernest Laroque, trente-sept ans, ex-sous-officier de cavalerie, 14 ans de services, 18 campagnes, Crimée, Algérie, Sénégal, *décoré* de la *médaille militaire,* ex-capitaine des francs-tireurs de la Presse, employé à la Banque de France, a rendu des services signalés à notre cause : proposé pour la Légion d'honneur.

M. Fernand de C..., journaliste, vingt-trois ans, bachelier ès-lettres, diplômé pour la langue arabe, élève de l'école des langues orientales, capitaine de francs-tireurs, a fait preuve d'intelligence dans les missions qui lui ont été confiées. Désigné pour éclairer une des colonnes de l'armée, *il a été fait prisonnier et a passé, le 21 mai, devant le conseil de guerre de la 2e légion; incorporé dans le 100e des fédérés,* il est parvenu à s'échapper.

M. Roux de Villebois (Clément), trente-huit ans, *lieutenant au 5ᵉ bataillon de la mobile de Seine-et-Oise,* employé depuis quatorze ans au chemin de fer de Lyon, est menacé de perdre son emploi pour avoir pris du service pendant la guerre contre la Prusse.

M. de Villebois a fait preuve *de zèle, d'énergie,* pendant le temps qu'il a servi notre cause ; désigné pour éclairer une colonne de l'armée, il a été arrêté dans sa mission par les insurgés qui l'ont gardé quelques heures en leur pouvoir.

M. Brille, négociant, ex-sergent-major de l'armée, ex-capitaine des francs-tireurs et de la garde nationale, placé par moi au Comité de sûreté générale, nous a donné des renseignements très-précieux, fait preuve d'intelligence et d'énergie, s'est beaucoup employé, et a obtenu l'élargissement de MM. Corby, peintre, et Chavan, capitaine d'état-major.

M. d'Anthoine, propriétaire, s'est mis à notre disposition et nous a rendu des services signalés.

M. Lamon, ex-lieutenant de la mobile, ancien sous-officier de l'armée, décoré de la médaille militaire, plusieurs campagnes, a été employé dans le cinquième arrondissement pour rallier les gardes nationaux du parti de l'ordre. Serait très-heureux s'il avait un emploi de surveillant civil ou militaire.

M. de Pina, homme intelligent et énergique, a fourni d'excellents renseignements, s'est occupé à faire élargir M. Lasnier, a travaillé pour la bonne cause dans quatre ou cinq arrondissements.

M. Galloni d'Istria, ancien chef de bataillon de l'armée de terre, officier de la Légion d'honneur, était placé à la tête du mouvement qui s'est opéré dans le sixième arrondissement.

M. Warnier, capitaine de la garde nationale, du sixième arrondissement, a rallié immédiatement une grande partie de sa compagnie au gouvernement; sous le coup d'un mandat d'amener de la Commune, a dû abandonner son logis pour ne pas être arrêté; en somme, ce capitaine qui a été un très-énergique défenseur de l'ordre, pourrait être l'objet d'une récompense spéciale : chargé d'éclairer une colonne de troupe, il a été arrêté et est demeuré trois jours au pouvoir des insurgés.

M. Bex, officier-payeur de la garde nationale dans le sixième arrondissement, professeur de mathématiques; très-intelligent et énergique, a fait plusieurs voyages à Versailles, s'est employé à rallier les gardes nationaux; se trouvant sous le coup d'une arrestation, a dû abandonner son domicile. Chargé également d'éclairer une colonne, a été fait aussi prisonnier.

M. Corby, très-actif, très-énergique, a fait plusieurs voyages à Versailles, a rallié beaucoup d'insurgés à la cause de l'ordre; la Commune l'a fait arrêter, a fait opérer une perquisition et saisir ses papiers, même son argenterie, ses armes, un fusil de chasse et un revolver appartenant à l'État. Relâché

par les soins de M. Brille, puis chargé d'éclairer une
colonne, il a été de nouveau arrêté durant trois jours,
pendant lesquels il a couru les plus grands dangers.

M. Prunier, était entièrement dévoué au parti
de l'ordre; il a bien voulu se charger des fonds
mis à notre disposition par M. le Ministre de l'Intérieur.

M. Hermet, ancien lieutenant de la garde nationale mobile de la Seine, nous a été très-utile dans
le mouvement : il serait très-heureux d'obtenir un
emploi dans l'administration civile ou militaire.

M. Lasnier, ancien lieutenant de la mobile de la
Seine, directeur des factoreries du Congo (Afrique).
Ce négociant, très-honorablement connu à Paris,
nous a été très-utile dans l'organisation de nos
forces militaires : son arrestation du 13 mai a jeté
une grande désorganisation dans tous mes projets.
— Très-*intelligent* et très-*énergique*, s'il n'a pas subi
le sort d'une partie des détenus à Mazas, je serai
très-heureux de le voir comprendre parmi les cheva-
liers de la Légion d'honneur.

Mme Joséphine Legros, s'est chargée, plutôt par
dévouement que par intérêt, de la confection des
brassards, suivant les instructions reçues de Versailles à ce sujet. Arrêtée et conduite à Saint-Lazare, désignée pour être exécutée, cette dame ne doit
sa liberté qu'à l'arrivée des troupes qui l'ont délivrée le 26 mai.

A la suite de la perquisition opérée chez elle, cette

dame a été dépouillée de tout ce qu'elle possédait, linge, argenterie, meubles, etc. Il est du devoir du gouvernement d'accorder à Mme Joséphine Legros, qui n'est pas dans une position heureuse, une indemnité pour les dangers qu'elle a courus et les dommages qu'elle a eu à subir.

Au milieu de tous ces actes de dévouement, il m'est pénible d'avoir à vous signaler la conduite peu énergique de M. Ch...., capitaine au corps d'état-major, chargé de nous donner des renseignements sur les portes d'Auteuil, de Passy et Dauphine. Arrêté par les gardes nationaux et enfermé dans la prison de Passy durant cinq jours, mis en liberté par les soins de M. Brille, que nous avions placé à la sûreté générale, ce capitaine, *complétement démoralisé,* se refusa à poursuivre le cours de *sa mission.*

M. Ch.... était porteur d'un laisser-passer au nom de M. Merle, marchand de vin, et inscrit sur les registres de Richepense sous ce nom-là.

M. ..., chef de bataillon de la garde nationale, reçut l'ordre de faire prendre les armes aux bataillons de l'ordre, si la Commune les licenciait et les désarmait.

L'ordre promulgué, M. le commandant ... a eu la faiblesse d'abandonner ses hommes et d'aller se placer à Versailles sous les ordres du Gouvernement. M. ... aura à rendre compte des fonds qu'il a reçus et de l'usage qu'il en a fait.

Tel est le résumé de ce qu'il m'a été donné de faire durant le cours de ma mission. Si l'on considère, d'une part, les obstacles et les difficultés à vaincre, l'incurie de la garde nationale, le peu d'appui rencontré dans la population et les ressources modiques avec lesquelles j'opérais, et que l'on envisage, d'une autre part, le résultat :

Les efforts qui ont été faits pour l'obtenir ne peuvent manquer d'être pris en considération.

.   .   .   .

—

Il résulte clairement de ce qui précède, que M. de Beaufond a été chargé d'une mission.

Une mission a dû être également confiée à MM. Domalain et Charpentier. Mais suivant les renseignements fournis par le *Figaro,* elle n'aurait reçu son effet que le jour de l'entrée des troupes versaillaises.

—

L'histoire de la période communale a été écrite d'une façon très-imparfaite ou dans un esprit partial.

Mais nous possédons des documents qui nous permettent de rétablir les faits.

Ainsi donc, le récit fidèle des événements qui se sont accomplis depuis le 18 mars jusqu'au 26 mai, sera prochainement publié par nous.

Il sera accompagné de pièces authentiques et d'une multitude d'ordres inédits émanant soit de l'autorité régulière, soit des membres ou des délégués de la Commune.

PIÈCES JUSTIFICATIVES

PIÈCES JUSTIFICATIVES

ARMÉE DE VERSAILLES.

ÉTAT-MAJOR GÉNÉRAL.

Au quartier général à Paris, le 10 juin 1871.

Monsieur,

Malgré mes occupations, qui ne me permettent pas de recevoir toutes les personnes qui se présentent pour venir me voir, j'aurais fait certainement une exception pour M. Lasnier, qui, je le sais, a couru les plus grands dangers, s'il m'avait fait présenter sa carte, carte que je n'ai jamais reçue.

Quoi qu'il en soit, je suis tout disposé à appuyer toute demande de récompense qui serait faite pour lui.

La mission dont vous étiez chargé vous a été confiée par le ministère de l'intérieur et n'a jamais été sous ma direction. Malgré cela, j'ai toujours cherché à vous être utile, en facilitant aux émissaires que vous envoyiez de Paris, l'entrée du ministère de l'intérieur, et en appuyant auprès du ministre toutes les demandes qui lui étaient faites pour les besoins de la tâche que vous aviez entreprise. J'ai toujours insisté auprès du ministre pour qu'on ne vous marchandât pas les moyens.

Bien que vous n'ayez pas réussi autant que vous pouviez l'espérer, je suis loin de méconnaitre les difficultés que vous avez eu à surmonter, les dangers que vous avez courus et les services que vous avez cherché à rendre ; je suis tout disposé à vous prêter mon concours auprès du ministre de l'intérieur, pour que vos efforts soient récompensés, mais par la raison que votre mission n'était pas sous ma direction, il ne m'appartient pas de prendre l'initiative.

Vous avez été chef de mission, désigné et accepté par le ministre de l'intérieur. Faites, à ce titre, telles propositions que vous jugerez convenables, en les adressant au ministre lui-même.

Pour vous être utile, je veux bien être encore votre intermédiaire, mais intermédiaire officieux seulement; ce qui n'empêchera pas, si vous voulez me charger du soin de transmettre vos propositions au ministre, de les appuyer de tout mon pouvoir.

Recevez, etc.

Le général de division, chef d'état-
major général,

BOREL.

P. S. Si vous avez un travail de propositions à m'envoyer, je vous prie de me le faire parvenir dans le plus bref délai possible.

BOREL.

Réponse au général Borel.

Paris, 13 juin 1871.

Mon général,

J'ai l'honneur de vous accuser réception de la lettre que vous m'avez écrite le 10 du courant, en vous remerciant des offres que vous voulez bien me faire en faveur des habitants énergiques qui ont rallié le Gouvernement.

Lorsque M. le Chef du Pouvoir exécutif m'a placé à la tête du mouvement de Paris, j'ai toujours compris que ma mission était militaire et politique. Je ne l'ai acceptée qu'à cette condition. Si, au contraire, elle avait été purement politique, je l'aurais refusée.

Je n'ai pas, mon général, à apprécier les services

que j'ai rendus ; vous êtes bon juge, et le rapport que j'ai eu l'honneur de vous adresser, si toutefois il vous a été remis, a dû vous fixer sur la valeur de ces services.

Quant à mon dévouement au parti de l'ordre, j'ai tout lieu de croire, mon général, que vous n'avez pas eu, de tous les officiers que le Gouvernement a employés à Paris, un homme plus complet que moi.

J'ai l'honneur, mon général, de vous soumettre un état de propositions en faveur des officiers de l'armée et de la garde nationale qui ont mérité de vous être signalés.

Je vous serais personnellement reconnaissant, mon général, si vous vouliez bien les transmettre à M. le ministre de la guerre, avec appui. . . . .

. . . .

DE BEAUFOND,
Chef de la mission militaire et politique
du parti de l'ordre.

A Monsieur le Président, Chef du pouvoir exécutif.

Monsieur le Président,

J'ai l'honneur de vous adresser, contrairement aux usages administratifs, le duplicata des propositions que j'ai soumises à M. le Ministre de l'Intérieur, propositions qui n'ont eu aucune suite. Je n'insisterais pas aujourd'hui pour ces récompenses, si des personnes qui sont restées complétement étrangères aux opérations de Paris pendant la Commune, n'avaient employé la voie de la presse pour appuyer non-seulement leur candidature à la députation, mais jeter une mauvaise impression dans le public sur des officiers qui ont fait leur devoir en ne quittant pas le poste qui était confié à leur honneur et à leur patriotisme.

Permettez-moi, Monsieur le Président, de vous répéter ce que j'ai eu l'honneur de vous dire en vous quittant.

Je ne demande ni n'accepterai aucune distinction pour moi, persuadé que le premier devoir d'un citoyen est de défendre son sol lorsqu'il est attaqué par des hommes appartenant à la lie des nations européennes.

Veuillez agréer, Monsieur le Président, l'assurance de mes sentiments respectueux.

DE BEAUFOND,
Chef de la mission militaire et politique
du parti de l'ordre.

—

A Monsieur le capitaine d'artillerie Piquiet.

Paris, 15 juillet 1871.

Mon cher Capitaine,

Vous invoquez mon témoignage à l'occasion de la

mission que vous avez accomplie *dans Paris* pendant
le cours du siége. Je vous le rends de grand cœur.
Cette mission, pour laquelle des membres du Gouvernement vous avaient fait appeler de Lyon, où vous étiez
en garnison, était aussi délicate que dangereuse; il
s'agissait, en effet, de grouper dans l'intérieur de Paris
un assez grand nombre d'artilleurs qui y étaient restés, les uns par suite de la précipitation de la retraite
du 18 mars, les autres un peu par mauvaise volonté;
de ramener ceux-ci à de meilleurs sentiments, de sou-
tenir le courage des autres et d'en former un noyau
de résistance capable de venir en aide à l'armée, au
moyen d'une diversion sur les derrières de l'ennemi,
au moment où les troupes de Versailles pourraient
pénétrer par les brèches.

Voilà dans son ensemble quelle était votre mission;
elle exigeait de votre part courage, présence d'esprit,
dévouement : vous avez fait preuve de ces trois qua-
lités, et si le succès n'a pas répondu à toutes nos es-
pérances, cela a tenu à des incidents qui vous ont
dominé. Je tiens ainsi que non-seulement vous avez
été irréprochable, mais que vous êtes allé *volontaire-
ment* au devant d'un sacrifice presque probable.

Je vous écris, très au courant, mon cher Capitaine,
partant tout à l'heure pour Vienne et Varsovie, mais
je n'ai pas voulu m'éloigner sans vous laisser ce témoignage de toute mon estime.

Tout à vous,

Le général LEFLO,

—

Nous possédons des pièces beaucoup plus importantes que celles qui précèdent. Nous les donnerons à l'appui de notre prochaine publication.